Elogio da vida imperfeita

Paolo Scquizzato

Elogio da vida imperfeita

O caminho da fragilidade

Dados Internacionais de Catalogação na Publicação (CIP)
(Câmara Brasileira do Livro, SP, Brasil)

Scquizzato, Paolo
Elogio da vida imperfeita : o caminho da fragilidade / Paolo Scquizzato ; [tradução Adriana Zuchetto]. -- São Paulo : Paulinas, 2019.

Título original: Elogio della vita imperfetta : la via della fragilità.
ISBN 978-85-356-4497-5

1. Amor 2. Conduta de vida 3. Cristianismo 4. Espiritualidade 5. Literatura cristã I. Título.

19-23608   CDD-809.93382

Índice para catálogo sistemático:

1. Literatura cristã   809.93382

Maria Alice Ferreira - Bibliotecária - CRB-8/7964

Título original: Elogio della vita imperfetta, La via della fragilità
© Effatà Editrice, Via Tre Denti 1, 10060 Cantalupa, Italy, 2013.

1ª edição – 2019
1ª reimpressão – 2020

Direção-geral: *Flávia Reginatto*
Editora responsável: *Vera Ivanise Bombonatto*
Tradução: *Ir. Adriana Zuchetto*
Copidesque: *Ana Cecilia Mari*
Revisão: *Sandra Sinzato*
Coordenação de revisão: *Marina Mendonça*
Gerente de produção: *Felício Calegaro Neto*
Capa e projeto gráfico: *Jéssica Diniz Souza*
Diagramação: *Tiago Filu*
Imagem capa: *@Марина Радышевская/fotolia*

Nenhuma parte desta obra poderá ser reproduzida ou transmitida por qualquer forma e/ou quaisquer meios (eletrônico ou mecânico, incluindo fotocópia e gravação) ou arquivada em qualquer sistema ou banco de dados sem permissão escrita da Editora. Direitos reservados.

Paulinas
Rua Dona Inácia Uchoa, 62
04110-020 – São Paulo – SP (Brasil)
Tel.: (11) 2125-3500
http://www.paulinas.com.br – editora@paulinas.com.br
Telemarketing e SAC: 0800-7010081

© Pia Sociedade Filhas de São Paulo – São Paulo, 2019

A palavra de Deus é o antídoto ao veneno perigosíssimo que trazemos dentro de nós e que lentamente nos mata: a ideia da perfeição.

SUMÁRIO

Parte I

I. A riqueza do limite | **13**

    Transformar as feridas em pérolas | **13**

    Reconciliar-se com o limite | **17**

    Da negação do limite a uma vida inautêntica | **19**

II. Hino à fragilidade | **25**

    O Deus surpreendente | **25**

    O Deus da revelação | **28**

    O Deus do escândalo | **30**

III. Basta-nos a sua graça | **35**

    A graça nos precede | **35**

    O Deus dos vivos | **39**

    Deus age no ser humano que age | **43**

IV. A lógica da debilidade | **47**

    A linha vermelha da fragilidade | **47**

    Com a nossa força | **52**

    O poder da Palavra | **56**

Parte II
Na escuta do Evangelho

I. À guisa de introdução | **63**

II. O cego de nascimento | **67**

III. A filha de Jairo e a hemorroíssa | **75**

Parte I

A RIQUEZA DO LIMITE

TRANSFORMAR AS FERIDAS EM PÉROLAS

A pérola é esplêndida e preciosa.

Nasce da dor.

Nasce quando uma ostra é ferida.

Quando um corpo estranho – uma impureza, um grão de areia – penetra e habita no seu interior, a concha começa a produzir uma substância (a madrepérola) com a qual o cobre para proteger o próprio corpo indefeso. No final, será formada uma bela pérola, reluzente e valiosa. Se não for ferida, a ostra não poderá jamais produzir pérolas, porque a pérola é uma ferida cicatrizada.

Quantas feridas carregamos dentro de nós, quantas substâncias impuras nos habitam? Limites, debilidades, pecados, incapacidades, inadequações, fragilidades psicofísicas... E quantas feridas nos nossos relacionamentos interpessoais? A questão fundamental para nós será sempre: o que fazer com elas? Como as vivemos?

A única saída é envolver as nossas feridas com aquela *substância* cicatrizante que é o amor: única possibilidade de crescer e de ver as nossas próprias impurezas se transformarem em pérolas.

A alternativa é cultivar ressentimentos contra os outros pelas suas fragilidades e atormentar-nos com contínuos e devastadores sentimentos de culpa por aquilo que não deveríamos ser nem sentir.

A ideia que, com frequência, trazemos dentro de nós, é a de que deveríamos ser de *outro modo*; que, para sermos aceitos por nós mesmos, pelos outros e por Deus, não deveríamos ter dentro de nós aquelas impurezas indecorosas. Quereríamos ser simples "ostras vazias", sem corpos estranhos de diversos gêneros, "puros", em suma. Mas isso é impossível, e, mesmo que nos considerássemos assim, isso não significaria que nunca fomos feridos, mas somente que não o reconhecemos, não conseguimos aceitá-lo, nem soubemos perdoar-nos e perdoar, compreender e transformar o sofrimento em amor; e seríamos simplesmente pobres e terrivelmente vazios.

É fundamental conseguir compreender a importância – em nós e fora de nós, nas nossas relações – da presença dos limites, das feridas, das *zonas de sombra*; entender, à luz da mensagem evangélica, que tudo do nosso e do mundo interior alheio está marcado pela sombra e pelo limite, é a nossa única riqueza, e que, precisamente então, é possível fazer a experiência da nossa salvação. Enfim, que não existe nada dentro de nós que mereça ser jogado fora.

> Tudo pode ser transformado em graça, até mesmo o pecado, dizia Agostinho. Até a nossa sexualidade ferida e as nossas neuroses, acrescentaremos nós, desde que façamos delas uma ocasião para abrir-nos, acolher e partilhar. Por isso, agiríamos mal se as desprezássemos. Devemos, ao contrário, aprender a fazer bom uso delas, pois são matéria de santidade (André Daigneault, *La via dell'imperfezione*. Cantalupa, Effatà Editrice, 2012, p. 17).

Se começarmos a raciocinar desse modo, quer dizer que se realizou em nós a verdadeira conversão, a *metanoia* evangélica; fizemos nosso um pensamento "outro", ou seja, conseguimos finalmente não pensar mais que a "pureza", a ausência de fragilidade e de pecado, seja a nossa salvação, mas de fato o contrário. A salvação, a santidade, consistirá, finalmente, em dar-nos conta da nossa verdade, ou seja, de que estamos feridos, somos limitados, frágeis, mas, ao mesmo tempo, objeto do amor "louco" de um Deus que – precisamente *porque somos feitos assim* – vem visitar-nos e habitar-nos.

> A santidade tem tão pouco a ver com a perfeição, que é o seu oposto absoluto. A perfeição é a mimada irmã menor da morte. A santidade é o gosto forte pela vida tal como é – uma capacidade infantil de alegrar-se com aquilo que é, sem pedir nada mais (Christian Bobin).

O Evangelho revela continuamente que tudo aquilo que tem o sabor do limite encerra em si também a possibilidade da sua realização.

Jesus diz a cada um de nós: "Ama aquela parte de ti que não gostarias de ter. Começa a envolvê-la com o amor e, no final, verificarás que tens em ti uma pérola preciosa, porque na ferida reconhecida, envolta no amor, experimentarás o tesouro que trazes dentro de ti".

Com insistência, o Evangelho nos exorta a "colocar no meio" o nosso limite e a nossa fragilidade (cf. o homem com a mão paralisada, Mc 3,3 e Lc 6,8; o paralítico, Lc 5,19). Colocar no meio as nossas zonas de sombra quer dizer reconhecer, de um lado, a sua existência, e, de outro, que elas, diante da ressurreição de Cristo, não são a última palavra sobre a nossa humanidade.

Devemos decidir se optamos pela força ou pela fraqueza. A nossa insuficiência, a nossa fragilidade, é uma força maior do qualquer outra, porque tem a própria força de Deus: "Quando sou fraco, então é que sou forte" (2Cor 12,10).

Esta verdade deveria tornar-se o centro do nosso viver cristão. Como já foi dito, nos Evangelhos, no centro da cena está sempre o indivíduo na sua doença, enquanto ser ferido, débil e frágil. Por isso também no centro da assembleia (da comunidade, da família, da Igreja...), no centro do nosso viver de cristãos, não sobressaem a força, o fazer por si mesmo, a observância obsessiva dos santos preceitos, o sermos moralmente irrepreensíveis... mas está somente a nossa fraqueza.

RECONCILIAR-SE COM O LIMITE

Devemos recuperar a realidade do limite e reconciliarmo-nos com ela. Nós existimos somente enquanto *limitados*. Nascemos e morreremos, porque somos limitados *no tempo*. Temos um corpo cujos contornos definem a nossa fronteira com o mundo que nos circunda, e isso nos diz que somos limitados *no espaço*. Quereríamos ser capazes de amar mais, relacionar-nos de modo diferente, mas a cada dia fazemos a dura experiência de "ser feitos assim" (cada pessoa tem a sua história, a sua estrutura psicológica, o seu caráter, as suas doenças interiores...): somos limitados *no amor*.

Para não falar do limite do outro, que, enquanto *diferente de nós*, não nos permite ser o que quereríamos, e, por isso, o percebemos como limitante. A alteridade, dentro e fora de nós, frustra o nosso desejo de "como deveriam ser as coisas", mas existe e não podemos ignorá-la. A alteridade, quando nos causa medo, assume o nome de *inimigo*. E o inimigo é sempre para se combater e possivelmente destruir.

Hoje, em geral, entendemos o limite de maneira negativa: isso representa para nós restrição, impedimento, sufocamento, enquanto para os antigos gregos permitia estabelecer os contornos do bem e do mal. O vício e o pecado estavam no excesso; a virtude e o bem *no meio*, ou seja, um *range* (gama) – diríamos hoje –, situada entre os limites extremos.

De fato, no horizonte ético dos antigos, o erro mais grave era a *hybris*, a desmesura, o excesso que ultrapassa os limites.

Hoje, ao contrário, a palavra limite e tudo o que tem o sabor de *limitativo* soa como coerção e, por isso, como totalmente negativo: que supõe dependência, inferioridade, falta, portanto, alguma coisa de que é preciso livrar-nos o quanto antes.

Hoje tudo deve ser *off limits*, da pesquisa científica ao esporte, passando por todos os aspectos do cotidiano: os contratos são anuláveis, as relações de trabalho são efêmeras e substituíveis, a palavra dada e a promessa feita são irrelevantes; também se ultrapassou o limite da vergonha, por isso o réu já não precisa se arrepender ou pedir desculpa. As novas tecnologias e os novos meios de comunicação comprimiram o tempo de tal maneira e inutilizaram tanto o espaço que conduziram à rejeição da ideia do *fim* e, por consequência, do *com-fim*.

Daqui se conclui que o limite último da vida, ou seja, a morte, confim com o mistério do fim, já não pode ser aceito.

O limite da morte é anacrônico e absurdo; por isso, de algum modo é imperioso ser imortais, *infinitos*.

Depois, como vimos, existe a experiência do limite que nos é imposta pelo outro, pela qual percebemos o *tu* como realidade ofensiva da nossa liberdade, do nosso ter razão, das nossas ideias, do nosso sucesso, do nosso ser "os primeiros", se não até os únicos.

Tudo isso é esplendidamente narrado no episódio do Gênesis, onde Caim, filho *único*, perde o seu status com a chegada de Abel, o segundo filho. Para voltar a ser o único, não existe outra solução a não ser eliminar o outro (cf. Gn 4,1-8).

Etimologicamente, *eliminar* quer dizer *expulsar* (*e-* privativo); colocar fora da casa, da nossa história, o outro, que não nos permite que sejamos o que quereríamos, realizando o nosso ser ilimitado.

DA NEGAÇÃO DO LIMITE A UMA VIDA INAUTÊNTICA

Christian Bobin escreve:

> Nunca fui muito afeiçoado por provas. Não que fosse um mau aluno, como se diz. Quando adivinhava o que se esperava de mim, então me esforçava. Fazia da arte de aprender uma arte de fato sutil da oferta: é

preciso dar ao outro aquilo que espera de nós, e não o que desejamos para nós. Aquilo que se espera de nós, não é o que somos. Porque o que se espera nunca é o que somos, é sempre outra coisa. Por isso aprendi logo a dar aquilo que não tinha (*Elogio do nada*).

O ser humano é um esplêndido ator. O drama que representa é viver segundo aquilo que os outros esperam dele, e não o fato de ser capaz de realizar a sua história, quer dizer, a verdade.

O problema é que o outro espera sempre de nós algo diferente do que somos; isso comporta inevitavelmente que demos e manifestemos aquilo que não temos e que, afinal, não somos. A questão será sempre aparecer *perfeitos* aos outros, não manchados por limites ou fragilidades, isto é, que vivamos através daquelas *performances* que eles esperam de nós e que nos tornam bem-aceitos, queridos. Amados.

Aprendemos isso desde pequenos em relação a nossos pais, para depois vivê-lo com os professores, os educadores, os empregadores, o nosso parceiro, com nós próprios e com Deus.

Mas não se pode viver uma vida assim; não se pode resistir a um esforço continuado para mostrar-nos adequados, eficientes, perfeitos, para tranquilizar os outros a fim de lhes dar prazer.

> Um princípio basilar para o nosso percurso de vida é: "Não te deixes condicionar pelos outros. Não permitas que os outros te prescrevam a estrada que deves percorrer. Vai pela tua estrada. Torna-te tu próprio. Descobre a forma autêntica e incontaminada que o Senhor te atribuiu. E tem a coragem de viver o aspecto original de ti mesmo. Quem eras antes de os teus pais te educarem? Quem eras em Deus, antes de nasceres?". Lembra-te do teu núcleo divino. Se entrares em contato com ele, poderás percorrer livremente a tua estrada (Anselm Grün, *O livro da arte de viver*).

O nosso drama de cristãos é o desejo de sermos perfeitos até diante de Deus. Fizemos do Cristianismo a religião do "tender ao perfeccionismo moral" – confundindo-o com a santidade –, como se fosse a única condição para obter o amor de Deus e os seus dons. Mas o único dom que Deus poderá conceder-me não será senão ele mesmo, ou seja: amor, perdão e misericórdia. E Deus só poderá dar-me tudo isso quando me reconhecer necessitado de amor, pecador e miserável.

> A santidade que Jesus nos propõe não é de ordem natural, mas é uma santidade que nos leva a acolher a nossa pobreza. Jesus Cristo veio para os pecadores e fracos, e não para os fortes que estão bem. O esquema

de perfeição humana baseado na vontade e na ascese segue um traçado exatamente oposto ao da santidade que nos propõe Jesus no Evangelho (André Daigneault, *O caminho da imperfeição*, cit., p. 24).

A nossa salvação chegará, não quando conseguimos acabar com as nossas misérias, mas quando começarmos a viver a verdade de nós mesmos, isto é, começarmos a aceitar-nos com as nossas fragilidades. Nós somos as nossas imperfeições, as nossas feridas e os nossos pecados. Não somos outra coisa, embora o desejemos, mesmo que nos escondamos atrás das máscaras e recitemos textos que não nos competem.

O Evangelho é uma escola de realismo. Jesus veio arrancar-nos as máscaras teatrais, para que sejamos finalmente livres para sermos nós próprios, mesmo que nos custe ou que tenhamos de parecer inadequados e *loucos* aos olhos do mundo.

> Perguntas-me de que modo me tornei louco. Aconteceu assim: um dia, muito antes que muitos fossem gerados, acordei de um sono profundo e percebi que me tinham sido roubadas todas as minhas máscaras – as sete máscaras que em sete vidas eu tinha forjado e colocado –, e sem máscara corri pelas ruas cheias de gente gritando: "Ladrões, ladrões, malditos ladrões!". Riam de mim, homens e mulheres, e alguns se precipitavam para suas casas, com medo

de mim. E, quando cheguei à praça do mercado, um jovem gritou do teto de uma casa: "É um louco". Virei os olhos para cima para vê-lo; pela primeira vez, o sol me beijou o rosto, o meu rosto nu. O sol beijava pela primeira vez o meu rosto descoberto e a minha alma incendiava-se de amor pelo sol, e já não chorava as minhas máscaras. E, como se estivesse em transe gritei: "Benditos, benditos os ladrões que roubaram as minhas máscaras!". Foi assim que me tornei louco. E na loucura encontrei a liberdade e a salvação: fui libertado da solidão e salvo pela compreensão, porque aqueles que nos compreendem dominam sempre alguma coisa em nós (Kahlil Gibran, *O louco*).

Jesus veio libertar-nos do medo de não estarmos à altura diante de quem quer que seja: nós mesmos, o outro, Deus. Adão, o homem de sempre, escondeu-se por causa disso. Estava nu e tinha medo. Diante de Eva, ele defendeu-se, acusando-a, diante de Deus, escondeu-se no abismo.

O Evangelho é uma contínua memória da encarnação; o Deus que se tornou próximo de nós não veio para livrar-nos da inadequação, da fragilidade, do limite, mas libertar-nos do medo que tudo isso provoca em nós, para que não sejamos esmagados debaixo deste peso enorme.

É necessário restituir às nossas feridas o direito de cidadania!

O relacionamento com nós mesmos e com a nossa vida cotidiana (social, familiar, relacional) torna-se "paradisíaco" quando conseguirmos acolher-nos e amar-nos não apesar de, mas através de todas as nossas feridas e das nossas debilidades.

Uma comunidade – seja civil, familiar, religiosa – será um paraíso não quando todos forem perfeitos e não houver tensões, mas quando cada um puder viver a liberdade de tirar a máscara porque se sente aceito e amado assim como é, quando limites, pecados, feridas e traições não forem ocasiões de divisão e maledicências, mas lugares onde se pode amar e perdoar.

‖
HINO À FRAGILIDADE

O DEUS SURPREENDENTE

Aproximemo-nos da Escritura. A Palavra de Deus é o antídoto ao veneno perigosíssimo que trazemos dentro de nós e que lentamente nos mata: a ideia de perfeição.

A Palavra de Deus parte sempre de situações imperfeitas, de tal modo que a Bíblia parece um hino à fragilidade e à fraqueza.

Literalmente, em hebraico, a passagem do Gênesis na qual se narra a criação da mulher ressoa assim: "O Senhor Deus disse: 'Não é bom que o homem esteja só. Vou fazer uma auxiliar que lhe corresponda'" (Gn 2,18). Logo que Deus colocou Adão no jardim do Éden, apercebeu-se da sua solidão, porque conhece os desejos e as fragilidades da sua criatura, ainda antes que esta mesma possa senti-los e formulá-los. E coloca a seu lado um "tu" que tem a função de estar diante dele, de modo que ele ao encontrá-la possa relacionar-se e, assim, tornar-se plenamente ele próprio.

Sem limite e sem conflito não existe história. Existimos somente graças às tensões e os limites que experimentamos continuamente, graças ao confronto com pontos de vista e caracteres diferentes.

O obstáculo é a condição para que a luz possa manifestar-se; o atrito é a condição para que um movimento sensato possa verificar-se; o pecado é a condição para que Deus possa revelar-se nos meus confrontos por aquilo que é: misericórdia!

Tirando o limite, já não existe mais o ser humano nem existe Deus.

Isaías, no seu livro, preanuncia que chegará um dia em que a época messiânica poderá finalmente se manifestar, então o lobo habitará com o cordeiro, os opostos poderão conviver porque "um menino os conduzirá" (cf. Is 11,6).

A fé cristã nos diz que este tempo já chegou com a vinda de Cristo. De fato, ele é aquela criança que tem a missão de conduzir juntos o lobo e o cordeiro, o leopardo e o cabrito, o vitelo e o leãozinho de que fala o profeta.

Então, por que continuar querendo matar os lobos que estão dentro e ao redor de nós, para deixar viver somente os cordeiros? Nós somos unificados. A *perfeição*, para nós, será conseguir aceitar as nossas partes mais doentes e fazer com que estejam juntas com as mais sadias. O que somos hoje é o que vivemos em nossa infância. Nós somos as feridas que nos foram infringidas, os abusos sofridos, os desvios vividos com todo o restante de esplêndido que trazemos dentro de nós. Por que mutilar-nos? Por que recusar alguns aspectos de nós?

Significaria renegar a nós mesmos. Nem é preciso dizer que atingiremos a santidade, como foi acenado há pouco, não quando todo esse mundo obscuro que temos dentro de nós desaparecer, mas quando em tudo isso experimentarmos a presença de Deus que vem visitar-nos e manifestar-nos o seu amor.

Sabe-se que o diamante e o carvão de pedra são constituídos quimicamente da mesma matéria, mas com uma estrutura física diferente. A diferença reside no fato de que o diamante permite que a luz o atravesse e o carvão, não. Este último não vale praticamente nada, enquanto o primeiro tem um valor imenso. Compete-nos decidir se queremos ser diamantes, cuja única riqueza consiste em deixar-nos atravessar pela luz de um outro, ou ser pobres pedaços de carvão que impedem que a luz os atravesse e apenas servem para ser queimados.

Nenhum de nós cresceu numa família exemplar, e Deus manifesta-se precisamente nas situações imperfeitas. O Deus que nos é apresentado na Bíblia é um Deus *familiar*, ou seja, um Deus que ama manifestar-se em contextos onde se vivem as relações mais fortes, familiares. Ele é o Deus de Adão e Eva, de Abraão e Sara, de Isaac e Rebeca, de Jacó, Lia e Raquel.

E, como é sabido, estas *famílias*, lugar da revelação de Deus, não são, com certeza, modelos de "perfeição", pelo contrário! A primeira delas conhece imediatamente a sombra da ferida e da acusação recíproca, torna-se desde o início lugar de pobreza existencial. Vive no seu interior relações frágeis. E, no contexto bíblico, "primeiro" nunca tem significado cronológico, mas, sobretudo, tipológico: isto significa que está na "fonte", é originário, natural, pelo que a "primeira família" indica que todas são assim.

Todas as famílias dão à luz filhos "doentes": Caim elimina Abel (cf. Gn 4,8), Jacó prevalece sobre Esaú com trapaça (cf. Gn 27), os filhos de Jacó odeiam tanto José que o vendem aos mercadores (cf. Gn 37), e assim por diante.

O DEUS DA REVELAÇÃO

Ao ler a Bíblia, surge uma pergunta: por que tudo isso que parece bom e belo se deteriorou tão depressa?

Diante do paraíso transformado em deserto e de um casal ideal transformado em ninho de víboras, a Bíblia não dá respostas, mas convida-nos a perguntar: como se pode viver a comunhão e o amor numa realidade tão doente? O problema não está *no porquê de tudo isto*, mas *em como tentar a salvação de tudo isso*?

O primeiro casal ferido descobre que está nu e Deus o reveste com túnicas de peles (cf. 3,21); diante dos limites, da fragilidade e da fraqueza humana, Deus manifesta-se: cuida deles, de modo que os dois possam continuar a estar juntos, limitados e marcados pelo mal, sem se arranharem nem se ferirem demasiado, assim nus e indefesos.

Em Caim, o primeiro fratricida, Deus põe um sinal na fronte para protegê-lo do mal que os futuros fanáticos do integralismo religioso – para quem somente vale o grito: "Duros e puros" – poderiam desencadear contra ele (cf. Gn 4,15).

A salvação consiste na possibilidade de amarmos e de nos amarmos até o limite, em fazermos das nossas feridas e das dos outros ocasião de cuidado e de misericórdia.

O nosso Deus manifesta-se em contextos naturalmente imperfeitos e, sobretudo, não intervém para resolver os problemas; não se diz que restabeleceu a paz entre Adão e Eva, nem que tenha curado o ciúme entre Raquel e Lia, esposas do mesmo homem (cf. Gn 30), ou impedido as embrulhadas de uma mãe que prefere o seu filho Jacó a Esaú (cf. Gn 27).

O Deus da revelação entra nas histórias feridas e fracassadas para levar adiante "sua" história de salvação. Uma história de salvação que utiliza material que, para as pessoas, será sempre descartável, enquanto aos seus olhos é precioso e indispensável, embora possa estar doente (cf. 1Cor 1,28).

O nosso é um Deus que intervém sem resolver, porque tratar é mais que curar.

O nosso Deus não é um mago, mas um Pai que não pode deixar de amar. E justamente neste amor existe o sentido do viver que se tornará claro quando percebermos em nós mesmos a possibilidade da mudança, quando formos expulsos para fora, libertados da nossa prisão interior, feita de acusações e sentimentos de culpa por aquilo que somos, e lançados em direção a uma *terra prometida.*

O Deus que vem ao nosso encontro põe em movimento as potencialidades de cada criatura para que, embora ferida e enfraquecida, possa dar em cada situação o melhor de si.

O Deus da revelação pode suscitar filhos até das pedras (cf. Mt 3,9), e é justamente isto que deseja. O nosso Deus não deseja senão ter filhos diante de si, para poder manifestar o que é, Pai, amor, misericórdia. Ele quer simplesmente que, mesmo sendo frios e duros como pedras, cheguemos a sentir-nos amados.

Se nos deixássemos atingir pela revelação de Deus, se aprendêssemos finalmente a colocar no centro a sua Palavra, nos reconciliaríamos com as partes mais indignas de nós, com Deus e com os outros, deixando finalmente de sentir--nos inadequados.

O DEUS DO ESCÂNDALO

Lendo superficialmente os primeiros dezesseis versículos do Evangelho de Mateus, a chamada "genealogia de Jesus", somos quase tomados como que por uma sensação de vertigem diante da cascata de nomes, quase todos desconhecidos. Histórias inteiras que são passadas sem deixar traços, a não ser um nome. Como que a dizer que toda a sua essência está no seu não ser.

Cada uma dessas histórias humanas, por mais sombria, insignificante e, como veremos, também "torcida" que tenha sido, contribuiu de fato para o cumprimento da história da salvação, fez com que o sonho de Deus pudesse cumprir-se.

Se uma história humana, por aquilo que é, abre-se à ação do Deus da vida, se transforma sempre em história sagrada.

Se lermos com atenção esse estendal de nomes, deparar-nos-emos com quatro mulheres que não são certamente um exemplo de moralidade e de candura.

Quatro mulheres fortes, astutas, corajosas até arriscaram a vida; quatro mulheres que não se contentaram em viver uma vida na sombra, como atrizes secundárias, somente porque eram estrangeiras, pecadoras ou insignificantes...

Essas quatro mulheres eram Tamar, Raab, Rute e Bersabeia.

Tamar (Mt 1,3; Gn 38,1ss, 1Cr 2,4) é uma mulher *estrangeira*, nora de Judá, quarto filho de Jacó. Judá escolhe como esposa para seu primogênito Er, esta mulher estrangeira (recordemos a proibição absoluta aqui não cumprida, de se casarem com uma mulher que não pertencesse ao povo de Israel), mas Er morre sem deixar descendentes. Pela lei do *levirato*, Tamar foi dada como esposa ao irmão Onan, mas também este morre sem deixar descendência. Por isso, Tamar deveria casar-se com o terceiro filho Chelá, mas Judá faz de modo a evitá-lo, por medo de que também este seu filho morresse nos braços da nora. Então, Tamar finge-se astutamente de prostituta, e Judá, que não a reconhece, une-se a ela tornando-se pai de Peres e Zera, justamente os nomes que encontramos na genealogia de Jesus.

Raab (Mt 1,5; Js 2,1ss) é uma prostituta. Vive em Jericó, território pagão, terra a ser conquistada na fase de expansão do povo de Israel que saíra do Egito. Ela hospeda e protege dois espiões enviados por Josué a Jericó para inspecioná-la. Jericó será destruída e subjugada, mas Raab e sua família serão poupadas justamente em virtude do seu gesto de benevolência para com os dois espiões. Mateus recorda que Raab se uniu-a Salmon, um dos espiões, e que deu à luz a Booz, outro elo de ligação para que pudesse nascer Jesus, o Messias.

Rute (Mt 1,5; cf. o livro de Rute) é uma moabita, portanto, uma outra mulher pagã e que não podia entrar na história de Israel. Tornando-se viúva, de modo astuto e inteligente une-se novamente a um homem israelita de nome Booz, a quem nos referimos anteriormente. Da união deles nasceu Obed, antepassado de Jesus.

Betsabeia (Mt 1,6; 2Sm 11,1ss), recordada na genealogia como "a esposa de Urias", general do exército do rei Davi, consente no jogo perverso do rei, que, depois de ter se unido a ela e engravidado, manda astuciosamente matar Urias, seu fiel amigo. Da sua união nasceu Salomão, o terceiro rei de Israel, precursor de Jesus, o Salvador.

Estas mulheres entraram como *intrusas* no povo "puro" de Israel para atuar como *fermento*, sendo como farinha que engrumeceu, mas que tem o poder de fermentar toda a massa. Graças a estes quatro elos de união entre o divino e o humano, entre o céu de Deus e a terra dos homens e mulheres, Deus pôde encarnar-se e recuperar a história a partir de dentro. Isso quer dizer que não existe nenhuma história errada na qual Deus não possa tornar-se presente. Não existe nenhuma vida "excluída" que não possa tornar-se essencial para levar avante a história de Deus e permitir que ele se torne presente no mundo.

Com a genealogia de Jesus, Mateus quer recordar que essas histórias sombrias, essas histórias de mulheres *erradas*, são, na realidade, *divinas*: Deus escolhe do mundo aquilo que o mundo considera lixo, para fazer sua história de salvação. Porque Deus olha com olhos puros, olhos do coração.

Mateus proclama desde o "princípio", confirmando depois em todos os capítulos sucessivos, que a vida de uma pessoa jamais é "tão pequena", por mais absurda que pareça ser.

Embora pareçam insignificantes, todos os homens e mulheres débeis, esmagados, pecadores, enlameados, são parte de uma genealogia e, por isso, de uma sinfonia divina, elos fundamentais para que Deus possa encarnar-se também hoje, aqui, na nossa história.

III
BASTA-NOS A SUA GRAÇA

A GRAÇA NOS PRECEDE

Neste ponto do percurso que estamos percorrendo, já deveríamos ter claro e firme dentro de nós: a nossa imperfeição, a fragilidade do nosso caráter e da nossa história não são um impedimento à ação de Deus em nós. Deus é somente amor e perdão, e precisa alcançar o nosso limite, o nosso pecado, para realizar o seu projeto de amor para nós.

O teólogo alemão Paul Tillich escreve:

> O progresso moral pode ser um fruto da graça, mas não é a graça, e até pode impedir-nos de recebê-la. Não podemos transformar a nossa vida a não ser que nos deixemos transformar pela graça. A graça pode chegar ou não, e não chegará, com certeza, se procurarmos obrigá-la. Como não virá enquanto pensarmos, em nossa autossuficiência, que não temos necessidade dela.

> A graça nos atinge quando vivemos na dor e na inquietude, quando atravessamos o vale escuro de uma

vida vazia e sem significados; e vem até nós quando sentimos que a nossa separação é mais profunda do que habitualmente, porque violamos outra vida, uma vida que amávamos e da qual nos afastamos.

Chega até nós quando a nossa náusea, a nossa indiferença, a nossa debilidade, a nossa vida e a nossa falta de direção e de calma se tornaram insuportáveis; atinge-nos quando vemos frustrada a nossa expectativa da longamente suspirada perfeição de vida; quando as velhas constrições já reinam em nós, definitivamente; quando o desespero destrói a alegria e a coragem.

Por vezes, naquele momento, uma onda de luz irrompe nas nossas trevas, e é como se uma voz dissesse: "Você é aceito", você é aceito por quem é maior que você e cujo nome não conhece.

Mas, agora, não pergunte o nome; talvez o descubra mais tarde; não tente fazer nada agora, talvez mais tarde você faça muito. Não procure nada, não faça nada, não queira nada; aceite simplesmente o fato de ser aceito. Se isto nos acontecer, experimentaremos a graça. Depois desta experiência, pode acontecer que não sejamos melhores do que antes, que não acreditemos mais do que antes, mas tudo se transforma.

Naquele momento a graça vence o pecado e a reconciliação vence o abismo da alienação.

Experimentamos a graça de poder aceitar a vida de outro alguém, mesmo que seja hostil e nociva porque, em virtude da graça, sabemos que pertence ao mesmo fundamento a que nós pertencemos e pelo qual fomos aceitos (abalam-se os alicerces).

O risco dos cristãos é lerem a Bíblia de maneira épica, onde o herói acaba sempre por vencer. Mas a revelação bíblica não ensina isso.

Primeiro Deus, no Antigo Testamento, colocou-se ao lado, depois, com a encarnação entrou numa história improvável, manchada pelo mal: justamente a nossa, feita de altos e baixos, maligna e esplêndida, ambígua e mutável. Se, no Antigo Testamento, Deus se revela como o *Deus que caminha à frente do homem* e, no Novo Testamento, como o *Deus conosco*, depois da Ascensão – e, portanto, na história da Igreja, seu corpo místico – torna-se o *Deus em nós*.

O nosso Deus é um Deus que entra na história e volta a erguê-la a partir de dentro, assumindo-a toda, assim como é, e permitindo que faça o seu caminho. Poderíamos resumir assim: *Deus opera no ser humano que opera*. Deus está no interior da nossa história, não a dirigindo de fora como um fantoche, mas assegurando-lhe atracar em um porto seguro através de percursos insondáveis do louco coração humano.

Tudo isso permite que as nossas histórias, embora tortas, sejam histórias já salvas, porque carregam nos ombros um amor precedente.

Na liturgia católica se reza assim: "A tua graça nos preceda e acompanhe sempre, Senhor, para que, socorridos pela tua paterna ajuda, não nos cansemos jamais de fazer o bem" (Coleta da XXVIII semana do Tempo Comum).

Mesmo sendo finitos e imperfeitos, e, com frequência, possamos considerar-nos um *nada*, a nossa história está se dirigindo para um porto do bem. Escreve o grande teólogo Karl Barth:

> O que é o nada? No reconhecimento e na confissão da fé cristã, quer dizer, no olhar voltado para trás, para a ressurreição de Jesus Cristo e na perspectiva do seu retorno, só se pode dar uma resposta: é o passado, o antigo, isto é, a antiga ameaça, o antigo perigo, a antiga ruína, o antigo não ser que obscurece e devasta a criação de Deus, a realidade já superada em Jesus Cristo que, na sua morte, sofreu a única sorte que merecia: o aniquilamento, no desígnio da vontade positiva de Deus, porque este é também o fim de tudo o que não foi querido por ele.
>
> Portanto, isso é o nada: aquilo que – por Jesus Cristo ser o Senhor – foi vencido e liquidado, aquilo que em Cristo, verdadeiro Deus e verdadeiro homem, foi

definitivamente superado, não somente por Deus, mas também pelo ser humano em união com Deus. É o "terceiro" cuja influência e cujo poder deixaram de perturbar a relação entre o Cristo e a criatura. [...] Já não há nada a temer. Nunca mais pode "nulificar" (*Deus e o nada*).

Por isso, no Cristianismo, a questão fundamental não é a tentativa de preservar-se do mal para chegar a Deus, mas é fazer a experiência do amor de Deus que nos acompanha na nossa história pessoal marcada pelo mal.

Portanto, a salvação não será alcançar o nunca mais pecar, ou, um dia, descobrir-se sem limites, fragilidades, ou não ser mais ferido; mas será ficar de boca aberta como as crianças – em assombro – diante de um Deus que nos ama e nos alcançou em nossa fragilidade. Será aqui que se realizará a passagem da religião à fé. A religião é uma tentativa de chegar a Deus com uma vida irrepreensível, a fé é tomar consciência de um Deus que opera e se revela na nossa história ferida.

O DEUS DOS VIVOS

Também, podemos dizer mais: um dia virá em que a nossa história conhecerá o inferno, aquele momento em que também será o único no qual poderemos fazer experiência de Deus, porque a sua graça, tendo-nos precedido, já estará lá à nossa espera para nos abraçar.

Assim o exprime padre Silvano Fausti: "Deus 'quer que todas as pessoas sejam salvas', porque perdidas: o inferno é o único lugar de salvação possível" (*A terra suspensa ao céu*).

O inferno é aquele cotidiano que todos nós experimentamos quando pecamos, quando nos encontramos com os nossos limites, numa situação familiar difícil em que não nos compreendemos...

Conta-se que, no fim da vida, São Jerônimo – o primeiro padre da Igreja que traduziu a Bíblia para o latim – rezou com estas palavras:

> "Ó Deus, eu te ofereci a tradução da Bíblia e não te basta; dei-te a minha vida missionária e não te basta; ofereci-te a minha vida de padre e não te basta; dei--te a minha oração e não te basta: o que mais queres de mim?" E Deus respondeu: "Dá-me o teu pecado, para que eu possa perdoar-te".

A poetisa francesa Marie Noël (1883-1967), no seu diário secreto, escreveu este diálogo com Deus recuperando a antiga passagem citada abaixo:

> "Estou aqui, meu Deus. Procuraste-me? O que querias de mim? Não tenho nada para te dar. Desde o nosso

último encontro, não acrescentei nada para ti. Nada... nem sequer uma boa ação. Estava demasiado cansada. Nada, nem sequer uma boa palavra. Estava muito triste. Nada, se não o desgosto de viver, o tédio, a esterilidade."

"Dá-me isso."

"Todos os dias, a pressa de ver acabar a jornada, sem servir a ninguém, o desejo de repouso longe do dever e das obras, o afastamento do bem a ser feito, o desgosto de ti, ó meu Deus!"

"Dá-me isso."

"O torpor da alma, os remorsos da minha fraqueza e a fraqueza mais forte dos remorsos..."

"Dá-me tudo isso."

"Perturbações, espantos, dúvidas..."

"Dá-me tudo isso."

"Senhor, mas então tu, como um lixeiro, recolhes os restos, as imundícies. O que queres fazer com isso, Senhor?"

"O Reino dos céus."

Esta visão preserva-nos da contínua tentativa – devida à terrível ideia de perfeição que temos dentro de nós – de fugir das situações nas quais estamos sempre pensando em "outros mundos".

Ao contrário, a Bíblia, quando nos conta histórias "sagradas", ensina a estar no negativo, a perseverar mesmo quando a estrada parece interrompida, porque justamente ali se revelará o impossível. A fé é isso.

A Escritura nos sugere que vivamos até o fundo a nossa situação, o que somos, embora pensemos que nada vale, porque será somente assim que poderemos experimentar a realização trazida por Deus.

Quantas vezes dizemos a nós mesmos: "Eu assim não vou bem, não sou capaz, estou errado". Mas nós somos assim e neste momento não poderíamos ser diferentes.

Esperemos, lá, no sepulcro. Esta é a fé. O santo monge ortodoxo Silvano do Monte Atos pedia a Deus que o libertasse do seu limite, mas Jesus apareceu-lhe e disse: "Mantém o teu espírito nos infernos e jamais desespere do amor de Deus" (Archimandrita Sofronio, *Silvano del Monte Athos. Vita, dottrina, scritti*).

No livro do profeta Ezequiel lemos: "Então reconhecereis que eu sou o Senhor, quando abrir os vossos túmulos e vos fizer sair deles, ó meu povo" (Ez 37,13). Por isso, se não estivermos no túmulo, não poderemos fazer a experiência de Deus. O único modo para conhecer o Senhor é este; o restante é fruto das nossas mentes e, por isso, idolatria. "Somente o espanto conhece, as ideias criam os ídolos", diz Gregório de Nissa (A *vida de Moisés*, p. 44, 377B, e *Homilia* XII. In: *Cantica Canticorum*, p. 44, 1028D).

No livro do profeta Jeremias lemos: "Todos me conhecerão, desde o menor ao maior – oráculo do Senhor –, porque eu perdoarei as suas iniquidades e não recordarei mais os seus pecados" (Jr 31,34). É o perdão, a graça que chega até nós e nos permite conhecer a Deus. O nosso Deus é o Deus *de* Abraão, *de* Isaac e *de* Jacó; este "de" está por "na vida de", significa que é o Deus dos vivos e não dos mortos (cf. Mt 22,31 e ss).

DEUS AGE NO SER HUMANO QUE AGE

O que significa estar com fé na nossa vida, mesmo quando quer dizer estar no inferno? Podemos aprender a sabedoria do "estar" com as mulheres de pé junto da cruz (cf. Jo 19,25), quando tudo está perdido. Porque permanecem ali, porque se obstinam a ficar quando já não existe mais espaço para a esperança? E, no entanto, será precisamente este "estar" obstinado na cena do negativo que permitirá que Maria de Mágdala escute o anúncio da ressurreição (cf. Jo 20,11-18).

É precisamente daquele terreno de morte que a semente fará germinar a vida. Nos nossos sepulcros há Cristo, e sabemos que a semente dará fruto lá onde foi semeada.

São Paulo fez a experiência: estava numa situação difícil, que descreve como um "espinho na carne"; não sabemos bem o que seria e podemos imaginar qualquer fraqueza, fragilidade, pecado. Paulo ainda devia ser curado do seu farisaísmo, e pedia a Deus que lhe tirasse aquela negatividade. Deus revelou-se respondendo assim: "Basta-te a minha graça; porque a força se manifesta plenamente na fraqueza" (2Cor 12,9).

A Escritura não nos diz por que razão chegamos a este ponto, ou o que fazer para sairmos dele, para podermos amar o nosso Deus; pelo contrário, ensina-nos a experimentar que Deus nos ama nesta situação. Também a nós basta a sua graça.

O teólogo protestante Dietrich Bonhoeffer comenta assim:

> "Basta-te a minha graça; a minha potência se manifesta plenamente na fraqueza." O que significa? Pode compreender somente quem, a certo ponto da própria vida, decidiu levar a sério a vontade de Deus, e acabou por desabar sob o peso do mal que tinha posto as suas costas; depois, reconhecendo a brutalidade da própria infâmia, voltou seus passos e quis pôr-se novamente no caminho de Deus, então surgiu a esperança de que tudo finalmente seria melhor, bastaria que o tivesse querido. Mas, depois, eis de novo a queda, e ficou perturbado com isso até as profundezas: "Senhor Deus, esta é de fato a última vez, perdoa-me ainda mais esta vez"... Mas tudo continuou como antes, então surgiu a desilusão, a maior

e a mais tremenda que possamos experimentar em nossa vida: que não somos capazes de ser bons, de ser puros; que sempre e sempre conseguimos menos do que nos tínhamos proposto; que o instante é mais forte do que as boas intenções, e não somos capazes de alcançar o bem [...]. E acabaremos por desesperar do bem, da santidade, de nós mesmos e de Deus, se não nos fosse dada esta palavra: "Basta-te a minha graça, a minha potência manifesta-se plenamente na fraqueza" (Homilia do XIV Domingo depois da Trindade, 9 de setembro de 1928).

Enquanto pensarmos que amanhã será melhor porque nos empenharemos um pouco mais, a graça não poderá chegar, porque fugimos do momento presente, refugiando-nos nos bons propósitos e no empenho.

O teólogo alemão em outra passagem escreve:

Crer na graça de Deus significa não protelar e remexer na nossa miséria, na nossa culpa, mas significa sair de nós mesmos e dirigir o olhar para a cruz, lá onde Deus tomou sobre si e carregou a nossa miséria e a nossa culpa, derramando, assim, o seu amor por todos aqueles que têm de carregar cargas pesadas. Miséria e culpa do homem, graça e amor misericordioso de Deus: são realidades que se interpelam mutuamente. Onde a miséria e culpa estiverem presentes em grande quantidade, justamente aí superabundarão mais do que nunca a graça e o amor de Deus. Onde a pessoa é pequena e débil, lá Deus manifestou a sua glória. Não nos fortes, não nos perseverantes, não nos justos; mas nos miseráveis e nos pecadores que não olham para ele é que está o amor de Deus; nos débeis é que sua força é poderosa. (...) Onde o coração humano está destruído, lá Deus penetra. Onde a pessoa quer ser grande, Deus não quer estar, onde a pessoa parece mergulhar nas trevas, Deus estabelece o reino da sua glória e do seu amor. (...) Quanto mais a pessoa é débil, tanto mais Deus é forte; isto é tão certo, como é certo que na cruz de Cristo encontram-se o amor de Deus e a infelicidade humana, e é certo que a cruz de Cristo rompeu a equação "religião = felicidade" (*Memória e fidelidade*).

Precisamos pedir a graça da conversão. E converter-se não quer dizer deixar de pecar, mas experimentar o amor de Deus no nosso pecado.

IV
A LÓGICA DA DEBILIDADE

A LINHA VERMELHA DA FRAGILIDADE

Se interrogarmos a Escritura, verificaremos que existe como que uma linha vermelha, a qual indica que o único caminho para viver a plenitude é aquele da fragilidade e da fraqueza.

Jesus compreende que este caminho é o único salvífico, porque o único no qual Deus pode revelar-se, e explodiu num hino de gratidão e de alegria a seu Pai, que escolheu esta louca modalidade: "Naquela hora Jesus exultou de alegria no Espírito Santo e disse: 'Bendigo-te, ó Pai, Senhor do céu e da terra, porque escondeste estas coisas aos sábios e inteligentes e as revelaste aos pequeninos. Sim, ó Pai, porque assim foi do teu agrado'" (Lc 10,21).

É a lógica vivida por Jesus, que é a revelação do Pai; é por isso que seus discípulos são chamados a percorrer o mesmo caminho como única possibilidade de realização. E isso não por simples obediência a Deus, mas como consequência de estarem enxertados em Cristo: se estivermos enxertados em Cristo, daremos os frutos de Cristo. De fato, cada um dá aquilo que é. Se Deus é poderoso na sua impotência, na sua fragilidade, o discípulo se realizará como pessoa através da mesma modalidade.

Mas aos olhos do mundo isso parece loucura. É a lógica da pedra rejeitada que se torna a pedra angular (cf. Mt 21,42 que cita o Salmo 118,22): o cordeiro torna-se o vencedor porque foi imolado (cf. Ap 5,12); é o grão de trigo que produz fruto porque morre (cf. Jo 12,24). A fecundidade brota da aparente infecundidade total.

Deus manifestou a sua máxima potência na máxima impotência da cruz. A lógica evangélica é loucura para o mundo. O verdadeiro drama se verifica – também na Igreja – quando fazemos nossa a mentalidade do mundo: quando pensamos que a nossa fecundidade deriva apenas dos nossos esforços; quando pensamos que as coisas podem andar bem só quando existe plena organização; quando tudo está seguro e eficiente; quando o resultado é proporcional à nossa obra.

O Antigo Testamento, como já vimos, é uma galeria riquíssima de personagens *débeis* e *frágeis* que, justamente por isso, fizeram a história de Israel. Recordemos as famílias desamparadas, partindo da "primeira", e a presença de personagens improváveis, como as quatro mulheres *erradas* que se tornaram elos de união para a presença de Cristo no mundo.

Pensemos em Jacó, que subtrai ao irmão, em primeiro lugar, a primogenitura (Gn 25,29-34) e, depois, a bênção do pai com uma estratégia muito pouco santa (Gn 27). Esaú fica furioso e passa a sua vida a procurá-lo para o matar. Jacó escapa, foge continuamente, tornou-se muito rico e pensa conseguir aplacar a ira do irmão, dividindo parte das suas riquezas com ele. Mas chega o momento da luta com o anjo, que, como sabemos, na Escritura é a representação de Deus (Gn 32,25-32). Por isso, Jacó luta então com Deus e vence-o; e Deus diz-lhe: "Deixa-me partir, porque já rompe a aurora". Aqui, a Escritura parece sugerir que, para aniquilar Deus, basta um raio de sol. Existe uma corrente teológica que se interrogou sobre a impotência de Deus. Quando no Creio dizemos: "Creio em um só Deus, Pai todo-poderoso", devemos recordar que a onipotência de Deus está somente no amor.

Jacó vence, mas fica claudicante. E aqui surge uma cena belíssima: quando Jacó vê Esaú vindo a seu encontro, pensa não ter mais como escapar. Esaú aproxima-se e vê Jacó coxo. Esta visão do irmão frágil e ferido o comove: ao invés de matá-lo, lança-se em seu pescoço e choram juntos (Gn 33,1-4). Perdoa-lhe. Tudo o que Jacó queria alcançar realiza-se no insucesso. Quantas vezes na nossa vida experimentamos um sucesso justamente porque "não tivemos sucesso?". Quantas vezes constatamos que uma fecundidade brota precisamente por causa de um fracasso? "Às vezes, o único modo de vencer é render-se" (Richard Bach, *Il libro ritrovato*).

Em uma belíssima oração, John Donne, poeta e teólogo inglês do século XIV, escreve:

> Destrói-me o coração, Deus de três pessoas,
> que até agora bateste à minha porta, murmuraste,
> fizeste luz e procuraste corrigir-me:
> se quiseres que me levante e fique de pé, abate-me,
> despedaça-me, queima-me, e refaz-me novamente.
> Como cidade usurpada, devida a outro,
> brigo para fazer-te entrar, inutilmente;
> a razão, que em mim é o teu vice-rei,
> e deveria ajudar-me, é prisioneira,
> e mostra-se débil e falaz.
> E, apesar disso, amo-te, e queria que voltasses a
> amar-me,
> mas sou noivo do teu inimigo:
> dissolve, separa, e quebra de novo aquele anel.
> Rapta-me, aprisiona-me, porque
> ou me faço escravo e nunca mais serei livre,
> ou violenta-me e nunca mais serei casto"
> (*Preghiere teologiche*).

Pensemos em Moisés, encarregado por Deus de uma missão que preanuncia a ação do próprio Cristo: é chamado para fazer sair do Egito o seu povo e a conduzi-lo à terra prometida. Justamente ele, homicida e, além disso, gago, chamado a uma vocação vertiginosa.

Deus o chama e, ao chamá-lo, o salva, na sua limitação. Moisés é aquele que, salvo das águas, faz a experiência do amor de Deus para com ele; isso lhe permitirá, quando se encontrar diante da água do mar Vermelho (símbolo da morte), recordar-se do que havia vivido ao nascer, ou seja, da intervenção salvífica de Deus e, portanto, de confiar-se ainda uma vez mais a ele.

Isto é a fé. Fé é confiar no amor.

É importante fazer memória de Deus na nossa vida, recuperando aqueles momentos nos quais experimentamos o seu amor. Assim fazendo, quando nos encontrarmos novamente em situações dramáticas, nos recordaremos do amor e poderemos colocar-nos nas mãos daquele que já nos salvou uma vez.

Muitas outras personagens da Bíblia nos confirmam nesta lógica da debilidade. Entre elas, recordemos: Judite, que é uma mulher, armada somente com a própria beleza, e que, no entanto, mata Holofernes, o chefe supremo do poderoso exército assírio de Nabucodonosor (livro de Judite); Davi, que é apenas um jovem, não treinado para a guerra, mas que luta contra Golias e o mata (1Sm 17).

COM A NOSSA FORÇA

Outra personagem importante é o profeta Gedeão, cuja história é narrada no livro dos Juízes (cap. 6-8). Leiamos a narrativa do seu chamado por parte de Deus.

> Ora, o anjo do Senhor veio e sentou-se debaixo do terebinto de Ofra, que pertencia a Joás, da família de Abiezer; e Gedeão, seu filho, estava limpando o trigo no lagar, para escondê-lo dos madianitas. O anjo do Senhor lhe apareceu e disse: "O Senhor está contigo, homem forte e valoroso!". Gedeão lhe respondeu: "Perdoa-me, mas se o Senhor está conosco, por que nos aconteceu tudo isto? Onde estão todos os seus prodígios que nossos pais nos contaram, dizendo: 'O Senhor não nos fez sair do Egito?'. Mas agora o Senhor nos abandonou e entregou-nos nas mãos dos madianitas". Então o Senhor voltou-se a ele e lhe disse: "Vai com a tua força e salva Israel das mãos de Madiã; não sou eu que te mando?". Ele respondeu: "Perdoa, meu Senhor, como salvarei Israel? A minha família é a mais pobre de Manassés e eu sou o mais jovem da casa do meu pai". O Senhor lhe disse: "Eu estarei contigo e tu vencerás os madianitas como se fossem um só homem" (Jz 6,11-16).

Gedeão é o *último* da sua família, e esta é a *última* do seu país; isso já diz muitíssimo. Não tem uma posição social nem é alguém. É um homem sem pretensões. Não tem nada de que se orgulhar. É pobre. Mas foi investido por Deus para uma missão, isto é, uma vocação: libertar o povo dos madianitas.

Gedeão parece não ter uma grande autoestima: "Como salvarei Israel?". Quantas vezes, diante de uma tarefa, nos acontece dizer: "Quem sou eu? Nunca farei isso! Não sou capaz...".

Sabemos que, no fundo, se tivermos uma baixa autoestima, isso também nos levará sempre a nutrir uma baixa estima de Deus. Gedeão não consegue perceber a ação de Deus no mundo: "Os nossos pais nos contaram que Deus intervém, que Deus age, mas onde ele está? Estamos perdendo! Onde Deus se escondeu?".

Gedeão tem pouca confiança em si e pouca fé em Deus. Assim mesmo, Deus dirige-se a ele.

Deus não disse: "Vai com a minha força", mas: "vai com toda a tua força" (6,14). É belíssima esta expressão. Enquanto Gedeão se move a partir da consciência da sua debilidade, Deus coloca Gedeão diante da realidade da sua própria força. Cada um, por mais frágil e débil que seja, tem algo em si em que Deus aposta. Ninguém é tão pobre que não possa agir de modo vitorioso sobre o mundo. Deus age na nossa história. Não nos substitui; tem um enorme e fundamental respeito pela nossa liberdade.

Deus diz-nos que vamos com o que somos. Muitas vezes, na nossa existência, pensamos que se fôssemos um pouco diferentes, se tivéssemos outra inteligência, outra resistência física, se tivéssemos tido outra história, talvez outros pais, então, sim, poderíamos...

Deus, ao contrário, joga com o que somos agora, neste momento. Intervém sempre na nossa situação concreta: onde reinam a desolação, os medos, as dúvidas paralisantes, as divisões no coração e entre as pessoas.

Deus não nos transforma a vida a partir de fora, mas está conosco e, assim, faz emergir todas as nossas potencialidades adormecidas, dizendo-nos que *valemos pelo que somos*.

Por um lado, Gedeão faz a experiência do que é – os seus medos, sua baixa autoestima, sua debilidade, sua fragilidade, a sua história familiar – e, por outro, de ser amado por Deus. E é belíssimo! Porque, se não nos sentirmos amados por Deus, nunca iremos a nenhuma parte.

Deus nos alcança, nos ama, age em nós de maneira imerecida, por aquilo que somos e não por aquilo que poderíamos ser. Ele não nos ama *se...* mas *mesmo que...* É nisso que está o amor de Deus por nós: em ser e estar a nosso favor.

O amor de Deus é *atual*; somos amados de maneira louca por Deus, *neste momento*, por mais débeis, pecadores, frágeis, desgraçados e sujos que possamos ser. Ama-nos assim! Na nossa situação indecente, impossível.

Para Gedeão tudo isso basta para iniciar uma vida nova. Ele sente-se aceito por Deus e aceita a si mesmo. "Sim, eu vou, assim como sou, porque tu me amas! Porque me sinto amado por ti!".

Por isso, a nossa dignidade e a nossa grandeza não residem naquilo que fazemos ou naquilo que produzimos, não dependem dos aplausos ou do sucesso que o nosso empenho obtém, mas exclusivamente do fato de que somos amados.

Diante de Deus, somos todos iguais: a pessoa mais iluminada, sábia e inteligente deste mundo conta tanto como a última desgraçada, ignorante e pobre. Não podemos pensar que Deus tenha preferência por pessoas, de acordo com seus carismas ou pelas capacidades que possuem. Esta é uma lógica humana e que, para nós, só conta aquilo que tem preço ou um valor que pode ser medido. Diante de Deus, não vale quem trabalha mais na vida eclesial, quem reza mais terços, quem vai mais à missa, quem faz mais renúncias ou sacrifícios. Seria um Deus absurdo, a ser conquistado com as prestações espirituais!

O nosso valor vem da confiança que Deus nos deposita. Entre Deus e o ser humano, o primeiro a confiar-se é Deus. No fundo, a *fé* é isto: crer que Deus acredita em nós. Quando aqueles que Deus escolheu reconhecem esta realidade esplêndida, Deus faz crescer a força que está neles.

O PODER DA PALAVRA

Mas voltemos ao nosso personagem. Gedeão deve travar guerra contra os madianitas; consegue reunir um exército de trinta e dois mil homens (cf. Jz 7,3). Segundo a lógica do mundo, quanto mais o inimigo for poderoso, tanto mais é preciso proteger-se. Quando Davi teve de ir combater o gigante Golias, Saul, verdadeiro homem de Deus, o revestiu com uma poderosa armadura; só que Davi, com toda aquela parafernália em cima de si, nem sequer conseguiu mover-se; por isso, livrou-se dela e foi, tal como estava, pôr-se na frente do inimigo, em nome do Deus que já o havia salvado das garras do leão. Pegou a funda com cinco pedras bem lisas e venceu Golias (1Sm 17,38-40).

Na Escritura, aqueles que na sua fraqueza confiam na Palavra, conhecem a vitória; ao contrário, aqueles que confiam nas próprias capacidades, na violência, nas próprias soluções, conhecem a morte.

Antes de Gedeão entrar em batalha, Deus revela-se, dizendo-lhe que, para vencer os madianitas, trinta e dois mil homens são demasiados, e pede-lhe que reduza o seu exército. Depois de algumas seleções, por fim restam trezentos homens. Então, Deus diz: "É com os trezentos homens que beberam a água com a língua que eu vos salvarei e entregarei os madianitas nas tuas mãos. Que o resto volte para suas casas" (cf. Jz 7,2-8).

É desconcertante, como o é também o modo como Gedeão consegue a sua vitória: "Dividiu, então, os trezentos homens em três grupos, colocou uma trombeta na mão de todos eles, bem como cântaros vazios com tochas dentro deles" (Jz 7,16). Com estas "armas" – trombetas e cântaros vazios iluminados – o minúsculo exército de Gedeão circunda o acampamento inimigo; o grande barulho e o grito de guerra fazem com que os inimigos, tomados pelo pânico, ao tentarem fugir, lancem-se num dramático aniquilamento recíproco, quase como um suicídio coletivo.

Recordemos as palavras do salmo: "A tua palavra é lâmpada para os meus passos e luz no meu caminho" (Sl 119,105). As tochas são figuras da Palavra de Deus, como toda a passagem bíblica é uma figura simbólica para nos dizer que a nossa história cristã deve entrar no território do inimigo – isto é, acertar as contas com o inimigo interior, com o mal –, em nome de Deus.

De fato, uma leitura cristã do Antigo Testamento não pode ficar no nível superficial do que é narrado – inimigos, batalhas, um Deus que pede para combater e ordena extermínios –, pois só poderia deixar-nos desconcertados e perplexos. É preciso outra leitura, que encontre o sentido espiritual das Escrituras: os inimigos não são de carne e ossos, mas são interiores, exércitos que trazemos dentro de nós e que podem fazer-nos muito mal. A história de Gedeão nos sugere que o essencial é colocar-nos dentro da luta, não ficarmos de fora: é preciso enfrentar o mal, os inimigos interiores que nos habitam – que podem ser também as nossas fragilidades, os nossos pecados –, e chamá-los pelo nome. Mas para destruí-los precisamos estar "armados" com a Palavra de Deus.

Porque, por mais que a treva seja densa, nunca poderá extinguir uma pequena chama. Se, num quarto totalmente escuro, fizermos acender uma chamazinha de uma vela, a treva não poderá apagá-la, e aquela chama iluminará o recinto. É sempre o bem que vence! O bem é a Palavra de Deus que nos revela o seu amor, um amor tão grande que viveu a paixão e subiu na cruz por nós. E, a partir do momento em que nos sentirmos amados, todos os inimigos interiores se esboroam, desaparecem.

Muitas vezes, parece-nos que, em nós, o mal vence, porque fazemos o que não quereríamos e nos encontramos derrotados, manchados, dentro do inferno. Mas, dentro de nós, há um bem que pode vencer tudo isto: é a Palavra de Deus, a convicção de que Deus nos ama. Há Cristo, a Palavra que escutamos. E, mesmo que o bem perdesse, ainda seria vitorioso! Por vezes, o pecado vence-nos e, depois, ficamos prostrados no chão; mas perder não significa que sejamos derrotados, porque o bem, a Palavra, vence sempre. O amor de Deus vence ainda quando perde. Na cruz Deus perdeu, mas foi sua maior vitória. Esta é a nossa certeza e a nossa esperança. Mesmo que conheçamos o mal e ele pareça vencer, mesmo que sejamos esmagados pelo pecado e pelos limites, a Palavra que nos habita, Cristo, é vitoriosa. Porque o amor não pode morrer. Jesus nos diz que é somente porque se perde que se pode vencer.

Recordemos a parábola do semeador que sai para semear (cf. Mc 4,3-20). A parábola pode ser lida também como uma descrição do que aconteceu na vida de Jesus: veio para semear a Palavra e conheceu terrenos duros, espinhos, silvas e sufocamentos, mas nem por isso se deteve. Porque a potência está na semente, não no tipo do terreno. Sempre nos concentramos para compreender que tipo de terreno somos, mas deveríamos, antes de tudo, recordar-nos de que, dentro de nós, há sempre o terreno bom e que Deus aposta nele; além disso, que a semente é a Palavra de Deus, poderosa e sempre vencedora.

A vitória que trazemos dentro não é nossa, mas de Cristo; a sua Palavra ilumina sempre, vence sempre. Mesmo se parece que esteja sufocada. Jesus no deserto esteve em contato com o mal e saiu vencedor, em virtude da Palavra: "Jesus responde: 'Está escrito... Está escrito... Está escrito'. Então o diabo o deixou" (cf. Mt 4,1-11).

A luz vence a treva; o amor é mais forte do que a morte. Entremos agora nas nossas histórias cotidianas, tomemos consciência das nossas feridas, dos nossos limites, das nossas debilidades e dos nossos pecados, mas os envolvamos sempre com a Palavra de Deus, isto é, com a serena consciência de sermos amados. Também seremos jarros vazios, mas, se tivermos dentro a luz, venceremos. Na verdade: devemos ser jarros vazios, porque a nossa única riqueza é Cristo. Assim, diz São Paulo, brilha a luz de Deus nos nossos corações, como um tesouro em vasos de barro (cf. 2Cor 4,7).

Parte II
NA ESCUTA
DO EVANGELHO

Parte II
NA ESCUTA
DO EVANGELHO

À GUISA DE INTRODUÇÃO

O trecho conhecido como as *bem-aventuranças* (Mt 5, 1-12; Lc 6,20) representa a *Carta Magna* do Cristianismo.

Jesus proclama felizes, ou seja, finalmente realizados, completos, aqueles que vivem situações de carência, de limite, de debilidade e de fragilidade. Tudo isso é esplendidamente expresso na primeira bem-aventurança, e não é somente um primado cronológico: "Felizes os pobres em espírito, porque deles é o Reino dos céus" (Mt 5,3).

Por que este "hino à alegria", aparentemente absurdo?

Porque, como foi dito anteriormente neste livro, no Evangelho a situação de fragilidade, de carência, de limite, de pobreza material e existencial, longe de revelar-se impedimento à ação de Deus, torna-se condição indispensável para se fazer experiência daquela salvação que chega de outro lugar e que é capaz de realizar o coração.

Poderíamos traduzir o "Bem-aventurados sois vós", pronunciado por Jesus, como: "Estou contente por ti, alegro-me porque optaste por não fazer depender o teu bem dos teus bens; estou feliz porque descobriste o segredo da vida; porque acreditaste que a situação de "vazio" que estás vivendo também é condição para seres visitado pelo único bem".

Numa cultura (aquela de sempre) que proclama felizes os *ricos*, afirmações como as das bem-aventuranças ressoam como uma revolução incrível. Recordemos que também no Antigo Testamento a riqueza era considerada uma bênção de Deus.

Em Lc 6,24, a passagem paralela, Jesus afirma: "Mas ai de vós, ó ricos, porque já recebestes a vossa consolação". Na verdade, "ai de vós!" dever-se-ia traduzir por "ai de mim!". Aqui, Jesus exprime um profundo lamento por aquela humanidade que, engolfada nos bens dos quais espera obter o bem, exclui-se de qualquer possibilidade de ser alcançada por ele.

É como se Jesus dissesse: "Errastes a vida. Investistes tudo no ter, no poder, no aparecer. Acreditais que a vossa justiça, a vossa riqueza material e espiritual será suficiente para vos salvar. Mas, se não vos reconhecerdes necessitados, precisados, limitados, insuficientes, eu não poderei alcançar-vos, porque vim para os pobres, os doentes e os injustos".

Disse René Voillaume: "Deixemo-nos salvar pelo Senhor, deixemo-nos amar! Pecamos, somos medíocres, mas o que importa! Ele veio por causa disto".

E Filoxeno de Mabugo: "Por mais pródigo que Deus seja, a desgraça é que não acolhemos os seus dons. Doando-nos eles, nos agradece porque os recebemos: quando nos aproximamos dos bens do seu tesouro, para ele é como se nos aproximássemos dele".

O "pobre" de que Jesus fala é aquele que não tem consistência, que precisa de tudo, que vive um "vazio" que pode viver só enquanto alguém de fora se aproxima dele e o preenche.

Há uma figura nos Evangelhos que representa ao vivo o "pobre" das bem-aventuranças. É a *criança*, muitas vezes apresentada por Jesus como exemplo: "Deixai vir a mim as crianças e não as afasteis: porque o Reino de Deus pertence aos que são como elas" (Mc 10,14).

A criança, no contexto bíblico, é aquela que não é nada e nada tem. A sua vida depende exclusivamente do cuidado que o adulto lhe reserve. A sua vida repousa nas mãos de outro. Por isso Jesus diz para nos tornarmos (não que sejamos!) como crianças, como aquelas que reconhecem em Deus a sua única possibilidade de vida, sabendo que tudo provém dele.

Para completar esse pensamento, gostaria de recuperar outra bem-aventurança, proclamada no versículo seguinte ao citado antes: "Felizes os que choram, porque serão consolados" (Mt 5,4). A bem-aventurança não está obviamente na condição de aflição que a pessoa pode sofrer, mas na consolação que Deus reserva para a pessoa aflita. Mais uma vez é a condição de fragilidade, de necessidade, de diminuição que atrai como uma calamidade a intervenção de Deus, e sempre quando Deus intervém, o faz somente para consolar.

Como disse Emmanuel Lévinas: "As lágrimas são o último consentimento de um ser que aceita finalmente cair na sua humanidade".

Chorar quer dizer que finalmente reconhecemos a nossa própria pobreza de fundo. É um ato de verdade, um fazer cair as armas com as quais nos defendíamos, ou defendíamos a nossa imagem ou presunção.

As lágrimas, derramadas do reconhecimento do nosso limite e da nossa própria fragilidade, são como o consentimento dado a Deus para intervir na nossa história.

II
O CEGO DE NASCIMENTO

Ao passar, Jesus viu um homem cego de nascimento e seus discípulos perguntaram-lhe: "Mestre, quem foi que pecou, para que este homem nascesse cego? Ele ou os seus pais?". Respondeu Jesus: "Nem ele e nem seus pais, mas isso aconteceu para que se manifestem as obras de Deus. É preciso realizar as obras daquele que me enviou enquanto é dia. Vem a noite, quando ninguém pode agir. Enquanto eu estou no mundo, sou a luz do mundo". Dito isso, cuspiu no chão, fez lama com a saliva, ungiu-lhe os olhos com a lama e disse-lhe: "Vai lavar-te na piscina de Siloé" – que quer dizer Enviado. Ele foi, lavou-se e regressou vendo. Então os vizinhos e os que costumavam vê-lo a mendigar perguntavam: "Não é este o que estava por aí sentado pedindo esmola?" Uns diziam: "É ele mesmo!" Outros afirmavam: "De modo nenhum. É outro parecido com ele". Porém, ele respondia: "Sou eu mesmo!" Então lhe perguntaram: "Como foi que os seus olhos se abriram?" Ele respondeu: "Esse homem, que se chama Jesus fez lama, ungiu-me os olhos e disse-me: 'Vai lavar-te na piscina de Siloé'. Então eu fui, lavei-me e comecei a ver!" Perguntaram-lhe: "Onde está ele?" Respondeu: "Não sei"[...].

Jesus ouviu dizer que o tinham expulsado e, quando o encontrou, disse-lhe: "Tu crês no Filho do Homem?" Ele respondeu: "E quem é, Senhor, para eu crer nele?" Disse-lhe Jesus: "Já o viste. É aquele que está falando contigo". Então exclamou: "Eu creio, Senhor!" E prostrou-se diante dele. Jesus declarou: "Eu vim a este mundo para um discernimento: de modo que os que não veem vejam, e os que veem fiquem cegos". Alguns fariseus que estavam com ele ouviram isto e perguntaram-lhe: "Porventura nós também somos cegos?" Jesus respondeu-lhes: "Se fôsseis cegos, não estaríeis em pecado; mas, como dizeis que vedes, o vosso pecado permanece" (Jo 9,1-12.35-41).

No final deste trecho, Jesus faz uma afirmação que nos deixa perplexos: o verdadeiro cego não é quem não vê, mas quem acredita ver muito bem.

No Evangelho de Marcos, Jesus diz aos seus discípulos que o único pecado que não pode ser perdoado é a blasfêmia contra o Espírito Santo (cf. Mc 3,29), ou seja, a presunção de se julgar "como deve ser" – o *verem*-se evangélico – talvez através de uma vida religiosa íntegra e, por isso, viverem na impossibilidade de serem alcançados pela salvação – de serem curados da cegueira – que, por definição, pode acontecer somente a quem não é ou está salvo.

O versículo 1 do texto conta que Jesus, "passando, *viu*". Não é o homem quem vê Deus (cf. Jo 1,18), mas é Deus quem vê o homem e o homem se vê novamente à luz de Deus.

Deus revela ao homem: "Na tua luz vemos a luz" (Sl 35,10). Só saberemos quem somos, se nos " virmos" na verdade, ou seja, na luz de Cristo, se aceitarmos que o Deus que se revelou em Jesus nos veja, se aproxime de nós e nos ame (cf. Jo 12,45).

Esse homem, cego de nascimento, não tem nome; esse homem somos nós, cegos chamados a ser curados.

A cegueira é para ele a condição para que Jesus possa aproximar-se e levá-lo à luz, a ver. "É para nele se manifestarem as obras de Deus" (v. 3). "Esta doença não levará à morte, mas é para dar glória a Deus" (Jo 11,4), dirá Jesus diante da doença mortal do amigo Lázaro.

O limite, o pecado, a fragilidade acabam por ser um bem para Deus, porque são a possibilidade que lhe é concedida de manifestar-se como Deus em relação a nós. Reconhecermos esse mal e estar abertos à ação de Deus em nós é o princípio da iluminação. Vermo-nos bem é tomar consciência do nosso mal, da nossa cegueira interior. O drama não é estar doentes, mas crer que somos justos quando estamos doentes. A percepção do limite é a condição necessária para poder esperar uma salvação que vem de outro lugar. Quem vive acreditando que é *ilimitado*, nunca esperará nada; e quem não espera mais nada, já está morto. Porque *esperar* quer dizer *tender* para alguma coisa que irá realizar-se.

Portanto, a doença mortal da pessoa será acreditar que vê.

A cegueira de que se fala nesse trecho é uma cegueira interior, aquela que torna a pessoa incapaz de saber quem é, de onde vem e para onde vai. Provém das nossas zonas de sombra, das nossas feridas, do mal que nos habita. É a doença mortal que todos trazemos dentro de nós, a partir de Adão, mas que, como vimos, acaba por ser uma bênção.

Depois, há aqueles que acreditam ver, mas que para Jesus são os verdadeiros cegos. É importante que Jesus nos veja na nossa cegueira; pois ela permite que Deus olhe para nós. É deixando-nos olhar por ele que descobrimos como estamos.

É importante que, na nossa oração, coloquemo-nos diante da luz, do amor, e não perante um conjunto de leis, porque somente assim tomaremos consciência de que não nos vemos. Quanto mais nos distanciarmos de Cristo, tanto mais pensaremos que nos vemos; quanto mais nos aproximamos de Cristo, tanto mais descobriremos que estamos cegos. É esta a bênção: descobrirmos que estamos nas trevas, e, por isso, aceitarmos deixar-nos curar por ele.

Jesus passa e vê a nossa cegueira, o nosso mal interior, o nosso egoísmo, as nossas feridas... tudo aquilo que nos faz ver escuro e de que quer libertar-nos. A graça que temos de pedir é aquela de saber que há um mal que se está aproximando, e isso quer dizer tornar-nos humildes, verdadeiros, fazer a verdade em nós mesmos.

Essa doença não é para levar-nos à morte, é "necessária" para que Jesus possa intervir: a misericórdia de Deus é atraída pela miséria. O pecado, o mal manifestado, é necessário para que ele possa curar-nos. O mal nunca será a última palavra, mas é o lugar onde as obras de Deus podem manifestar-se.

"De bom grado, prefiro gloriar-me das minhas fraquezas" (2Cor 12,9).

"Então o Senhor Deus formou o homem do pó da terra e insuflou-lhe, pelas narinas, o sopro da vida, e o homem transformou-se num ser vivo" (Gn 2,7).

"Senhor, tu és o nosso Pai; nós somos a argila e tu és o nosso oleiro, todos nós somos obras das tuas mãos" (Is 64,7).

A Palavra de Deus relembra-nos de que nascemos da argila. Neste trecho Jesus faz lama e a coloca nos olhos do cego para lhe recordar a sua origem, de onde veio, de que massa foi feito. Recorda-lhe que não é só feito de céu, mas que também tem dentro de si necessariamente zonas de sombra, por mais duras e difíceis que sejam de aceitar. É a nossa natureza. Somos mais que anjos, somos humanos. E se Deus criou os anjos é para nos recordar que nos prefere a eles.

Com aquela lama, Jesus nos convida a olhar e a também reconhecer a sujeira que habita em nós; só assim poderemos ver.

A saliva usada para fazer a lama é água que, em João, evoca o Espírito de Deus (cf. 7,37; 19,34; 3,5). Mas a saliva é também aquilo que a mãe coloca na ferida do filhinho quando ele cai: um tratamento que, embora não seja medicinalmente eficaz, serve para fazer com que ele se sinta acariciado e amado, ajudando-o a curar-se. É assim que Deus nos demonstra o seu amor depois de nos ferirmos.

Somos lama, mas também amassados de céu: depois de ter criado o ser humano de barro, Deus soprou nele e transmitiu-lhe o seu Espírito.

"Passou lama nos seus olhos" (v. 6) é uma tradução inadequada; literariamente do grego se deveria usar o termo "unse", que evoca ungido, Cristo, o Messias. A sua lama, a sua carne, a sua humanidade é o seu ser divino que nos alcança; a sua humanidade amassada em divindade (o fato de ele ser verdadeiro Deus e verdadeiro homem) chega até nós e devolve a nossa verdadeira humanidade.

Jesus, o homem novo, coloca-se diante dos olhos do cego (cf. Gl 3,1), para que abra os olhos, se lembre do que deveria ter sido e poderia ser, a verdadeira imagem de Deus e, acolhendo-a, possa tornar-se assim.

A cegueira de que espera curar-nos é o esquecimento daquilo que somos.

Quem não conhece a própria origem nem a própria meta, é um indolente, um perdido. Um cego, precisamente.

Jesus recorda-nos a que somos chamados: a ser Deus, porque fomos criados à imagem e semelhança de Cristo, imagem do Pai.

A nossa vocação é sermos filhos no Filho, ser amor; se o acolhermos, tornamo-nos como ele, e seremos nós mesmos. De fato, Jesus disse ao cego: "Vai lavar-te na piscina de Siloé" (v. 7), que significa "enviado". O único enviado de Deus é Jesus (João reafirma continuamente no seu Evangelho: cf. 3,17.34; 5,36.38; 8,42; 11,42...).

Mas ainda não tinha curado o cego, só o atingiu com o Espírito, fez com que visse o que é (um "deslocado", sem lugar existencial), lembrou-lhe o que poderia ou deveria ser e o colocou em condições de escolher, indo até o enviado (escutando a sua Palavra) e podendo, assim, tornar-se ele próprio.

O amor não obriga. É esta a graça que nos atinge: não a cura, mas a possibilidade de curar-nos. Ai de nós se houvesse um Deus que nos mudasse. O amor é sempre decisão livre.

Deus respeita de tal maneira a liberdade dos filhos que até lhes permite que se percam; o amor deixa-nos livres.

Jesus coloca o homem novo diante do cego, e deixa-o livre para dizer sim ou não à proposta. A sua vida depende da liberdade de acolher Jesus, que é a Palavra.

A iluminação é sempre graça e tarefa; temos o dever de responder à graça. Estamos habilitados, mas devemos tornar-nos. O cego opta por isso, acolhe um caminho de fé. E "voltou a ver".

E quando, tendo regressado, precisou responder ao interrogatório se era mesmo aquele cego que pedia esmola, respondeu: "Sou eu", que é a autodefinição de Jesus. O homem, ao deixar-se alcançar e curar por Jesus, cumpriu a sua vocação, transformou-se no homem novo!

III
A FILHA DE JAIRO E A HEMORROÍSSA

Ao voltar, Jesus foi acolhido pela multidão, pois todos o esperavam. Chegou então um homem chamado Jairo, chefe da sinagoga. Caindo aos pés de Jesus, rogava-lhe que entrasse em sua casa, porque sua única filha, de mais ou menos doze anos, estava a morrer. Enquanto ele se encaminhava para lá, as multidões se aglomeravam a ponto de sufocá-lo.

Certa mulher, porém, que sofria de um fluxo de sangue, fazia doze anos, e que ninguém pudera curar, aproximou-se por detrás e tocou a extremidade de sua veste; no mesmo instante, o fluxo de sangue parou. E Jesus perguntou: "Quem me tocou?" Como todos negassem, Pedro disse: "Mestre, a multidão te comprime e te esmaga". Jesus insistiu: "Alguém me tocou; eu senti que uma força saía de mim". A mulher, vendo que não podia se ocultar, veio tremendo, caiu-lhe aos pés e declarou diante de todos por que razão o tocara, e como ficara instantaneamente curada. Ele disse: "Minha filha, tua fé te salvou; vai em paz".

> Ele ainda falava, quando chegou alguém da casa do chefe da sinagoga e lhe disse: "Tua filha morreu; não perturbes mais o mestre". Mas Jesus, que havia escutado, disse-lhe: "Não temas, crê somente, e ela será salva". Ao chegar à casa, não deixou que entrassem consigo senão Pedro, João e Tiago, assim como o pai e a mãe da menina. Todos choravam e batiam no peito por causa dela. Ele disse: "Não choreis! Ela não morreu; está dormindo". E caçoavam dele, pois sabiam que ela estava morta. Ele, porém, tomando-lhe a mão, chamou-a dizendo: "Criança, levanta-te!" O espírito dela voltou e, no mesmo instante, ela ficou de pé. E ele mandou que lhe dessem de comer. Seus pais ficaram espantados. Ele, porém, ordenou-lhes que a ninguém contassem o que acontecera (Lc 8,40-56).

Trata-se de dois episódios entrelaçados entre si, igualmente importantes, que formam uma única passagem.

Jesus encontra duas situações-limite: uma mulher que perde sangue há doze anos, e uma menina antes gravemente doente e, depois, morre; e uma vez mais, são precisamente os casos desesperados que obrigam o Senhor, o Deus da vida, a intervir.

Jairo tem uma única filha de doze anos que está para morrer; e, enquanto Jesus caminha para a casa onde acontece este drama, aparece a hemorroíssa.

"Todos estavam a sua espera" (v. 40): a multidão à espera é o povo de Israel, que representa todos nós. A nossa história pessoal está à espera de Cristo, porque sem ele somos doentes e mortos.

Segundo a cultura semítica, no sangue reside a vida; perder sangue quer dizer, *perder vida*, isto é, ter consciência de viver morrendo aos poucos. Essa mulher há doze longos anos já sabe que está esvaziando a sua existência; é a situação da humanidade, e tudo isto porque Jesus não está presente. Sem ele, a nossa existência é um contínuo esvaziamento, uma perda constante e paulatina da vida: "Aquele que permanece em mim, e eu nele, produz muito fruto, porque sem mim nada podeis fazer. Se alguém não permanece em mim, é lançado fora, como o ramo, e seca; tais ramos são recolhidos, lançados ao fogo e se queimam" (Jo 15,5b-6).

Por isso, os dois verbos fundamentais são: esperar e acolher. Só se acolhe o que se espera; o que caracteriza a nossa vida é justamente a espera, o desejo (etimologicamente: falta de infinito) que é o reconhecimento da nossa insuficiência; se esperamos o que julgamos necessário para nos realizarmos, isso pode atingir-nos.

"Bem-aventurados os pobres", diz Jesus (Mt 5,3), isto é, "os vazios" que estão à espera de completude de realização, porque, quem já se sente completo, realizado, "no lugar", é um verdadeiro morto que nunca poderá ser alcançado por

Cristo: "Ai de vós, ricos", diz Jesus aludindo aos saciados, desde que sentimos uma insuficiência, não nos sentimos satisfeitos, estamos inquietos, encontramo-nos na condição de podermos ser alcançados, de podermos acolher.

Lucas pensa nesta mulher como Israel, que está perdendo a vida porque não está unido a Cristo. Ninguém é capaz de curar a mulher, porque a cura não pode vir de fora.

Ela ilude-se de poder ser curada recorrendo a médicos inescrupulosos e charlatães, que prometem vida sem terem condições de dá-la; quanto mais os segue, tanto mais gasta dinheiro, empobrecendo-se cada vez mais. Essa é a condição de sempre da humanidade: procurar vida onde ela não está.

A mulher finalmente intuiu que Jesus é o único médico que pode curá-la. Ela que tem todas as condições para poder atrair a misericórdia (é mulher, impura, está morrendo, é pobre...), pode tocar Jesus ("E todos os que sofriam alguma enfermidade lançavam-se sobre ele para tocá-lo" – Mc 3,10).

A fé é conceder-nos tocar naquele que nos tocou, quando ainda éramos inimigos e rebeldes (cf. Rm 5,6-10), para podermos fazer com que sua vida nos alcance. Não poderíamos fazê-lo, se ele não o tivesse já feito; a graça sempre nos precede, chega sempre antes; o amor já nos alcançou. Por isso, a fé é amar aquele que nos amou, responder aquele que já nos alcançou; não é escalar o céu, mas acolher aquele céu que cuidou de nós, é dizer sim a um amor que já existe.

Essa mulher toca-lhe no manto (cf. Ez 16,8). Cristo cobriu-nos com o seu manto; aquele mesmo que lhe será tirado antes de subir à cruz. Foi graças a sua nudez que a nossa foi revestida. Nós fomos curados pelas suas chagas (cf. 1Pd 2,24b), e da sua morte nasceu a nossa vida. Tocar a veste equivale a tocar nele, que pergunta: "Quem me tocou?".

Lucas está dizendo à sua Igreja (e a cada um de nós) que, mesmo que agora não possamos tocar em Jesus porque já não está fisicamente presente, podemos chegar até ele e tocá-lo na sua Palavra; esta é, para nós, como o manto para a hemorroíssa. "Por isso, nem mesmo me achei digno de ir ao teu encontro; mas dize uma palavra, para que o meu servo seja curado" – Lc 7,7. Jesus está presente entre nós na sua Palavra, e, se nos deixarmos atingir por ela, estamos tocando no manto de Cristo e tocando nele.

A fé é acolher a Palavra; Paulo diz que a fé *nasce* da escuta da Palavra (cf. Rm 19,14ss). Escutar a Palavra é acolher a Cristo, que quer fazer alguma coisa por nós, que intervém na nossa vida para curar-nos, para preencher o nosso coração sedento de salvação e de realização, de tal maneira que andamos à procura de vida consumindo a parte mais preciosa de nós.

Existe um tocar que é sufocar, pretender, pensar que alcançamos Jesus com as próprias forças, mas há um tocar que é acolher; é a diferença entre religião e fé. A primeira é magia, a segunda, assombro. O desejo nos coloca na condição de receber o dom.

No versículo 47, a mulher sai do anonimato: quer dizer, aceita mostrar a própria doença interior, o seu vazio, o seu abismo de pobreza, consciente de que é justamente o que pode completá-la, e não o gasto de dinheiro. Saindo do anonimato, anuncia a própria miséria e a misericórdia de Deus.

A Zaqueu, que acreditava que podia viver sozinho estando "no alto", Jesus diz: "Desce" (Lc 19,5). Descer, ser descoberto, manifestar as próprias zonas de sombra é que permite encontrar o médico, fazer com que seja tratado, sendo objeto de compaixão.

Quando manifestamos os nossos limites e as nossas zonas de sombra, reconhecemos a nossa miséria, mas, ao mesmo tempo, também proclamamos a potência e a misericórdia do Senhor. É um ato de fé reconhecer-nos pobres pecadores, porque é nesse momento que a misericórdia nos atinge. De fato, Jesus diz à mulher: "A tua fé te salvou", isto é, a sua pobreza, porque permitiu que a misericórdia chegasse até ela. Fé quer dizer acreditar no amor, na vida que pode vencer a nossa morte.

No versículo 49, volta em cena a filha de Jairo: que agora está morta. Nós, humanamente, dizemos: "Enquanto há vida existe esperança", no entanto, do ponto de vista de Deus, a esperança começa quando a vida acaba e torna-se impossível esperar. Enquanto há esperança humana, Deus não intervém. De outro modo, seria muito cômodo: O que seria da nossa responsabilidade? Deus age no impossível: pois nada é impossível para Deus (cf. Lc 1,37). "Reconhecereis que eu sou o Senhor, quando abrir os vossos túmulos e vos fizer sair dos vossos sepulcros, ó povo meu" (Ez 37,13). A nossa fé está no Senhor que dá a vida; a nossa salvação não é de um mal (Jesus não faz concorrência com os médicos), mas do mal: a morte. Se não acreditarmos nisso, é vã a nossa fé (cf. 1Cor 15,14).

Jesus diz a Jairo: "Crê somente". Nesse ter fé está todo o espaço que Deus tem à disposição para agir. Sem fé, ele não pode intervir. Se não lhe concedêssemos esse espaço, ele deveria fazer-nos violência para poder agir, mas o amor deixa-nos livres.

Devemos acreditar que o amor é mais forte do que a morte, que Jesus, através do seu sono, tomou o nosso sono e, através da ressurreição, salvou a nossa vida. A menina dorme, e pode ser acordada porque ele dormiu no sepulcro.

A jovem tinha idade para casar-se (naquele tempo o noivado e o casamento aconteciam entre os doze e quinze anos); mas ainda está na casa dos pais: morreu porque ainda não tinha o Esposo. Naquela casa, em vez da festa das núpcias, há somente choro e desespero. Sem Cristo, a humanidade só conhecerá um lamento fúnebre.

Lucas está pensando no Cântico dos Cânticos, onde a mulher, sem o esposo, está adoecendo de amor: "Sustentem-me com bolos de passas, fortaleçam-me com maçãs, porque desfaleço de amor" (Ct 2,5). A jovem do Evangelho, sem Cristo, está morta de amor.

Ela recorda-nos que a nossa verdadeira doença mortal é viver uma vida morta. Todas as passagens do Evangelho dizem a mesma coisa, sob pontos de vistas diferentes.

Jesus veio permitir-nos viver uma vida plena, feliz, digna de ser vivida; não prometeu uma vida depois da morte, mas uma vida em plenitude aqui e agora. Deus é o esposo que se une a nós através da Palavra; se a escutarmos e vivermos em união com ele, a nossa vida deixará de sangrar e de se extinguir na idade em que deveria ser de festa.

Todos nós temos "doze anos"; a vida em toda a sua extensão é feita para a festa, para a alegria, para núpcias contínuas, porque o Esposo está sempre conosco. Jesus realizou o primeiro milagre numa festa de casamento, para dizer que a vida que ele nos trouxe é uma festa. Vivemos um cristianismo envolto em luto enquanto deveria ser de alegria, como uma festa contínua de núpcias, porque o Esposo está sempre entre nós.

A jovem dormirá enquanto o Esposo não chegar; também dormia Adão enquanto a esposa não chegava (cf. Gn 2,21), mas finalmente chegou o novo Adão, Cristo, que adormeceu para poder ser o Esposo da humanidade.

As personagens presentes na casa em luto são seis; enquanto Cristo, o sétimo, não chegar, não haverá a festa. É uma constante no Evangelho; também a samaritana tivera seis homens, antes de encontrar-se com Jesus (cf. Jo 4,16-18).

Enquanto Cristo não chegar à nossa vida, poderemos andar com todos os homens e dirigir-nos a todos os médicos possíveis, mas nunca encontraremos a plenitude.

"Não choreis!" (v. 52); é outra ordem absurda, tal como "Caminha" ao paralítico, "Fica purificado" ao leproso, "Estende a mão" ao homem com a mão seca, e assim por diante. Por isso foi ridicularizado; diante da morte, não há outra possibilidade humana além do riso trágico. Mas ele "a toma pela mão" (v. 53), como faz o esposo com a esposa. E a desperta para as núpcias. "E o espírito dela voltou" (v. 55); é a vida de Deus, oferecida por Jesus e concedida a todas as pessoas que morrem.

Aquela jovem, que representa a humanidade, não vive de novo (seria somente a ressurreição de um cadáver), mas vive uma vida nova, no amor. O nosso sonho é não só viver *de novo*, mas também, mesmo que vivêssemos mais vidas, poderíamos nunca conseguir viver *de maneira nova*. Não são as "muitas vidas" que nos realizam, mas uma única vida vivida no amor.

Rua Dona Inácia Uchoa, 62
04110-020 – São Paulo – SP (Brasil)
Tel.: (11) 2125-3500
http://www.paulinas.com.br – editora@paulinas.com.br
Telemarketing e SAC: 0800-7010081